Özlem Özgül Dündar

GEDANKEN ZERREN

Gedichte

ELIF VERLAG

Veröffentlicht im ELIF VERLAG
Fünfte Auflage August 2022
Covergestaltung: Ümit Kuzoluk
Autorenporträt: © Dinçer Güçyeter
Layout: Ümit Kuzoluk · UEPSILON.
ISBN: 978-3-946989-07-3

ELIF VERLAG

wenn ich springe von einem zum anderen

etwas das n ankommt

u wenn ich beginne mich s
elbst zu suchen zwischen bi
ldern zwischen den worten z
wischen den sätzen die me
in mund spricht wenn ich su
che nach zeichen von mir se
lbst wenn ich mich selbst n
finde wenn ich mich selbst n
sehe in den bildern die ich
forme vor meinem auge die
hand macht etwas das n a
nkommt bei mir das n ist w
as ich bin das n macht was
ich will das n von mir ko
mmt wenn ich mich selbst s
uche aus worten sätze bilde d
ie kommen aus mir aus me
inem mund die ich n finde n
sehe vor meinem

auf meine teile setze ich

ich setze die identität an u a
uf meine teile die aus mir an
mir wachsen die ich zu me
iner zeugung bekam die mir
zugesprochen wurden die mi
r helfen sollen durch die ere
ignisse durch zu gehen u mir
zu helfen zu wissen ich setze
die identität auf meine teile
die an mir wachsen damit ic
h ein mensch sein kann dami
t ich n leer sein muss damit
man mich als wer erkennt al
s wer sieht als etwas mit e
twas drin u dran versteht da
mit meine teile wissen wie d
ie bewegungen gehen die ma
n machen muss um ereigni
sse zu erfahren

fluktuation

fluktuation der moleküle zw
ischen den grenzen das ist d
ie zelle die sich bewegt die
sich macht zu meinem geda
nken die sich hinbiegt die si
ch zieht u die fließt durchz
ogen von flüssigem von flu
ktuation erzeugte elektrische
schläge die kommen von ze
it zu zeit zu den molekülen
zwischen den grenzen ins s
chleudern ins wanken ins fa
hrende wasser zwischen den
zellen da spielt sich mein gei
st ab da ist mein gedanke d
en ich jetzt denke da sind die
ströme der schläge der elekt
rischen signale noch bewegt
da geschieht fluktuation im g
ehirn in zellen die sich bewe
gen zwischen elektrischen st
ößen mir schläge geben

einen schritt machen

springen abspringen hinabsp
ringen sinken bis wohin es g
eht wie weit es geht wie tief
es geht aus der haut wollen r
aus wollen versuchen wenn d
er schritt n sitzt springen ü
berspringen hinüberspringen
einen sprung machen versuc
hen einen schritt der n sitzt
machen sinken bis wohin es
geht einen schritt machen sp
ringen abspringen hinabspri
ngen aus der haut springen
wollen bis wohin es geht ste
cken bleiben schwanken im
mer weiter springen hinüber
springen versuchen einen sch
ritt machen der n sitzt schwa
nken hinabsinken stecken au
s der haut wollen in der haut
stecken versuchen springen a
bspringen versuchen hinüber
zu springen einen schritt

eine schiefe beobachtung

einen krampf um die komp
osition machen zwei schritte
vorwärts u zwei rückwärts g
ehen eine schiefe beobachtu
ng hinstellen u um den geda
nken von glück u unglück k
reisen bis die perspektive die
augen schief hängen lässt d
en blick in die zukunft richt
en versuchen den krampf au
szuschütteln auch mit mehr
oder weniger gewalt eine sch
iefe beobachtung u vielleicht
eine zweite in die komposit
ion setzen den blick im kra
mpf schielen

herrschen müssen

der arm zuckt dreimal zuckt
der arm hin u her u ich will
n befehle geben müssen an t
eile von meinem körper ich
will n herrschen müssen über
alle organe die man mir gab i
ch will verfaulen können wa
nn ich will u n essen u schl
afen können wann ich will u
ich will n denken müssen a
n alles woran einer so denk
t u ich will den arm n bew
egen müssen u den fuß u das
bein n setzen müssen ich wi
ll allen ihren eigenen willen
lassen

stecken bleiben

transferiere dich in die schö
nheit hinein von diesem kö
rper der dich stecken macht i
n dingen von denen du n wi
ssen willst in denen du n sein
kannst von denen ein lebend
es weg will u n kennen mü
ssen will transferiere dich i
n die schönheit hinein von d
em falschen in dem ein lebe
ndes n sein will in dem man
n bewegen sich kann in dem
träume stecken bleiben zwis
chen den zellen des gehirns a
us denen sie entsprungen sin
d aus denen sie weg wollen
in die welt hinein

in zwei geteilt

wenn der körper bricht in der
mitte die mitte die dich bind
et zwischen deinen teilen we
nn deine hälften losgelöst im
fall sind wenn du deine teile
verlierst wenn der körper bri
cht im fall sich befindet wen
n dir der halt wegbricht u d
u dir n mehr zu helfen wei
ßt deine teile in zwei geteilt
losgelöst liegen eins verlore
n liegt u das andere

sie verhalten sich

wie sich deine hände beweg
en in ihrem gewöhnlichen a
bstand ihn halten in aller str
enge so könnte einer denken
dem du unbekannt bist wen
n deine hände sich verhalten
in abständen zu gegenstände
n in ihrer umgebung zu räum
en in denen sie sich bewegen
zu menschen denen sie bege
gnen u in abständen berühren
sie als wir den raum betreten
als mein rufen nach dir eine
neigung bekommt als ich die
wärme deiner hand an mein
er wange spüre u du bewegst
deine hände in neuen abstä
nden zu mir u wir betreten u
nbekannte räume in denen m
eine stimme in neigungen zu
dir läuft

zu uns gehören

u ich spreche u verspreche m
ich u ich suche zwischen de
n zeilen nach den worten die
in den raum gehören damit w
ir wer sein können damit die
worte füllen können den rau
m der für uns sein soll u ich
spreche u verspreche mich z
wischen deinen worten u me
inen u spreche damit der ra
um gefüllt ist mit dingen die
zu uns gehören u du sprichst
u versprichst dich u die zeich
en stehen u sie stehen gegen
uns u ich suche zwischen den
zeilen im raum spreche u ve
rspreche mich zwischen uns

wenn die worte stolpern

worauf baust du wenn du d
ich an mich wendest diese fa
lte an deiner stirn sie verrät d
ein denken über mich wenn d
u dich an mich wendest wor
auf baust du wenn du sprich
st in sätzen mit bedeutunge
n die ich n verstehe wenn die
worte aus deinem mund fal
len aus deinem mund stolpe
rn wenn du in großen bögen
zu mir stolperst mit worte
n die ich n verstehe

wenn die schläge mich
treffen

wenn die schläge mich treff
en die kommen mit blicken
von dir durchstreifen das ges
icht u dringen ein in den kö
rper u treffen mich u machen
mich adrenalin ausschütten u
ich will schläge abwenden d
ie kommen von diesem blick
von dir zu mir schläge die in
den körper kommen um dort
die identität zu verrücken die
machen mich adrenalin aussc
hütten die durchstreifen mich
u treffen mich um mich zu v
errücken wenn der blick von
dir mit schlägen kommt um
mich

die worte senken den blick

deine worte dringen von dir
zu mir u hemmen verkram
pfen irritieren den blick die
worte strömen ein u senken
meinen blick der hinaufscha
uen n kann der n machen k
ann das gesicht die haut err
ötet das herz schlägt ich h
öre die schläge in meinem k
opf die kommen von meine
m pulsschlag u es trifft dein
e worte dringen ein u halten
mich u machen den puls in
meinem kopf schlagen der b
lick irritiert ich suche nach d
em übergang zwischen grenz
en der krampf im blick der p
uls schlägt als die worte se
nken den blick

wenn der verstand das
gespräch verlässt

wenn dieser verstand das ges
präch verlässt u deine worte
springen mich an sie wollen
von mir sie wollen druck auf
den körper legen auf das ges
icht u die muskeln treffen d
en krampf weil sie n mehr ha
lten können den druck wenn
dieser verstand das gespräch
verlässt u das gesicht sich b
eugt unter deinen worten u
die worte durch den körper f
ließen der sich verloren hat
der verstand verlässt das ges
präch u die worte fließen dur
ch den körper der sich unter
deinen worten beugt

wenn ich mich dir antaste

brennen uns

u die sonne macht uns bre
nnen als der sand knirscht z
wischen unseren zähnen u w
ir laufen hinter dem faden d
em der alles zusammenhalte
n soll zwischen unseren fing
ern gleitet seide ab als der sa
nd knirscht u die sonne bre
nnt an der haut der augen u
wir lesen die zeichen von dir
u von mir u immer wieder g
reifen wir nach fäden die w
erden dünner u die augen br
ennen uns von der sonne als
wir seidig u fadig uns beweg
en entgegen

meine teile

hier lege ich meine teile hin
die augen die lippen die ohr
en diese teile die dich könn
en an sich nehmen die suc
hen dich in foren die in ne
tzen hängen um sich sättige
n zu können die lauern u to
ben von einem zum anderen
die wollen n ruhen die wolle
n n sehen wohin sie gehen d
ie suchen dich um sich sätt
igen zu können die bohren s
ich wege die hängen in netz
en mit foren

schwindsucht erregend

auf u ab fließt du durch mein
e synapsen u machst meine
gedanken schwindsucht erre
gend durchströmst mit elekt
rischen geschwindigkeiten di
e bahnen meines gehirns u l
ässt mich rastlos werden von
dieser sucht getrieben renne
ich auf elektrischen wegen d
ort sitzt der gedanke mit dir
dort machst du meinen geist
auf u ab springen dort mach
st du mich schwindsucht erre
gend dort bin ich rastlos von
sucht u süchten getrieben de
nen du der antrieb bist die m
achen mich rastlos auf u ab
schwindsucht erregend

ich antaste mich

ich antaste mich dir über die
transatlantischen grenzen hin
aus die du legst von dir zu
mir ich gehe hinaus über die
grenzen über die welt zu st
immen die mich ziehen zu si
ch um mich dir antasten zu
machen transatlantisch willst
du sein u du kannst denn ich
kann gehen über grenzen u a
ntaste mich dir über die wel
t du legst die wege zu orten
mit stimmen die mich ziehen
machen u ich kann gehen auf
diesen wegen du weißt es n
denn du willst transatlantisc
h sein du kannst dich tragen
wohin du willst ich kann geh
en über grenzen u tanzen bei
stimmen die mich ziehen ma
chen

ich trage küsse

ich trage küsse mit u in mir
die ich an dich u in dich l
egen will du kannst die küss
e in dir auf mich an mich u
in mich legen ich kann mein
e küsse tragen an alle orte d
ieser welt wo u wann du d
ort sein wirst dort unter ste
rnen die zu dieser welt zu d
ir u mir gehören die leucht
en damit menschen küsse un
ter ihnen tauschen an auf u
ineinander legen bis dort ka
nn ich meine küsse tragen u
m sie an dich u auf dich u in
dich zu legen u dort kanns
t du deine küsse auf mich a
n mich u in mich legen

meine hände kennen

meine hände kennen die rea
ktionen deines körpers wenn
ich dir durch die haare stre
iche wenn ich dein gesicht a
btaste erst die brauen halb
mondförmig mit meinem ze
igefinger deine wangen deine
nasenspitze deinen mund u
dein kinn u wenn ich dir ent
lang der brust streiche u dein
körper zu zittern beginnt u
wenn ich deinen wirbel entl
ang laufe mit den spitzen me
iner finger vom hals bis zur
lendenkuhlung u zurück u di
ch kitzeln mache meine hä
nde kennen die reaktionen de
ines körpers die dich beweg
en machen

skizze

u in deinem gesicht liegen sc
hatten abstufungen von licht
u deine stirn deine wangen d
ein kiefer dein kinn verwis
chen im licht im halbton das
sich verbündet gegen mich u
wenn ich die spitze des bleis
tifts nehme u zeichne die kon
turen die dein spiegelbild ma
chen die stehen zwischen ab
stufungen von licht u wenn i
ch mit der spitze des bleistif
ts dein gesicht anpasse an hal
btöne suche zwischen ihnen
konturen von dir u mir u we
nn sie sich verbünden gegen
mich

klanglos

mit deinen händen hältst du
deine stimme fest u ich steh
e vor dir unangetastet von de
inem klang ich gehe u ich g
ehe durch den raum der zwis
chen uns ist du zuckst zusa
mmen u ich entschuldige mic
h bei dir du blickst mich ahn
ungslos von meinen gedank
en an u ich sage entschuldige
bitte ich dachte ich hätte de
ine hand berührt während d
eine hände deine stimme fes
thalten u ich unangetastet ble
ibe von deinem klang ahnu
ngslos stehe vor deinen händ
en die umklammern

so sagt man

noch ist stille bei mir die still
e wie man sagt vor dem stu
rm u wenn du kommst u du
duchstreifst landschaften von
dir u mir u du wirbelst sie im
sturm u du reißt sie u zersp
litterst sie in stücke von dir u
mir u unsere körper zerspli
ttern u du durchstreifst lands
chaften u während du durchs
treifst u umwirbelst unsere s
tücke dich umwirbeln streife
n landschaften von uns ab ab
er noch splittern wir n noch
ist stille bei mir die vor dem
sturm so sagt man

schürfe auf

u ich stoße auf dich u ich s
chürfe an dir mit meinen hä
nden an dir die suchen einen
weg zu dir u schürfe auf me
ine wangen meine nase me
ine lippen u meine augenli
der mit blut u suche u reibe
mich an etwas so wie man s
agt von dir u mein gesicht br
ennt u mein körper u einmal
brannte ich ganz für dich m
ein blick auf dir verschmiert
u meine finger meine hände
schmerzen wenn ich nach dir
greife u ich bin rot aufgesc
hürft auf der suche nach dir
u ich stoße immer wieder auf
dich u reibe mich an etwas
von dir

die gesprochen werden
wollen

zwischen deinem mund u kl
ang u meinem zwischen den
zeilen hängt das wort das du
u ich gesprochen haben u w
erden zwischen unseren ges
ichtern zwischen den körpern
hängen die worte die von uns
gesprochen sein wollen du u
ich wir machen halt u die wo
rte hängen im raum zwische
n uns die worte die in zuku
nft gesprochen werden woll
en in denen das unheil auf u
nsere münder wartet um die
körper aufzurichten einander
entgegen zu richten entgegen
zu stellen zwei körper die n
zueinander kommen wollen z
wischen unseren gesichtern
hängen die worte die gesproc
hen sein wollen um die kör
per sich entgegen zu richten

blicke schweifen

wenn sich die blätter drehen
wenn wir uns voneinander w
enden stehen zwischen stühl
en worte n mehr fallen woll
en zwischen uns aus unseren
mündern die blicke schweife
n die augen einander n mehr
suchen körper sich n mehr e
rinnern an dinge die einmal
waren wenn dinge n mehr p
assieren bilder n mehr entst
ehen wenn sich die blätter dr
ehen erst das eine u dann das
andere blatt u immer so weit
er sich bewegen in andere ri
chtungen in unbekanntes in
ungewolltes unsere körper si
ch wenden voneinander der
eine u dann der andere augen
n suchen einander blicke sch
weifen in richtungen in entf
ernte u worte n gesprochen
werden wollen

wir arbeiten uns

u wie wir uns mit hochdruck
nähern der zugspitze jeder sc
hritt erfordert den vorangeg
angenen u wir arbeiten uns a
b unermüdlich u bauen die w
orte aufeinander wir betätig
en die hebel die uns zum sc
hweigen bringen u die worte
kristallisieren in der luft u a
alglatt wie ein gletscher strei
fen wir

die zu sprechen vergessen
wurden

zwischen den synapsen spri
nge ich von einem bild von
uns zum nächsten zwischen
den bildern renne ich im rh
ythmus von adrenalin u suc
he die worte die zu sprechen
vergessen wurden von einem
bild von uns zum nächsten
renne ich u lege die stücke z
u ketten mit dingen von dir u
mir die vielleicht zusammen
gehören von einem zum and
eren renne ich mit adrenalin
zwischen den synapsen hin u
her versuche zu sortieren bi
lder von dir u mir die viell
eicht zusammen gehören suc
he nach worten die vielleicht
zu sprechen vergessen wurd
en

wenn ich n gehöre

gesichter die laufen
an mich

gesichter die laufen an mich
laufen über mich laufen du
rch mich gesichter von men
schen von kindern von rud
eln von hunden vermenschl
icht die schauen von links n
ach rechts an ampeln in der
stadt die überwuchert mich b
ewuchert in mich einwuchert
mit bauten mit geschäften u
mit menschen die stadt zwi
schen kontinenten die nie sch
läft die macht u macht die
keine zeit hat zu atmen die
keinen platz mehr hat für g
esichter für gesichter von

das hält

ich sage du kannst darauf b
auen in der stadt die mich be
wegt mich dreht in spiralen s
ich selbst dreht mich verdr
eht auf ihren straßen setze ic
h ein zeichen auf ihren brüc
ken setze ich ein zeichen auf
ihren beiden kontinenten set
ze ich ein zeichen mit spuck
e reibe ich zeichen in ihren
asphalt damit ich weiß wora
uf ich gehe damit ich weiß w
ohin ich gehe u reibe tief in
die struktur damit es hält dar
auf kannst du bauen das hält
für die ewigkeit in der stadt d
ie sich bewegt u verdreht se
tze ich ein zeichen das hält f
ür

als die frauen

u du hältst die pistole fest u
du legst sie von der einen in
die andere hand u du spielst
mit ihrem feuer u der vater
des vaters u der bruder des v
aters machen sich sorgen um
den vater u wenn du dir mun
ition holst u wenn du in den
nächten umherstreunst u der
vater des vaters findet dein v
ersteck u wenn er erzählt wie
sie zusammengelegt haben w
ie die frauen von ihren armen
das gold abgezogen haben wi
e sie dir in einem bündel all
es gegeben haben u den vater
geschickt haben in die ferne
u wenn der vater sich erinn
ert wie er mit seinem bündel
saß wie die frauen es von ihr
en armen abzogen wie sie zu
sammenkratzten alles für se
ine zukunft u wie er sie legte
von der einen in die andere
hand

wenn dein blut fließt

wenn du gemüse schneidest
wenn du deine kinder zur sch
ule bringst u abholst wenn du
spülst u saugst wenn die mutt
er ihre bilder auf dich legt au
f deine hände deine arme bei
ne wenn du gemüse schneid
est wenn du dich schneidest
deine kinder wäschst zu bett
legst putzt u einkaufst u dei
ne kinder in den armen hältst
u die mutter ihre bilder auf d
ich legt deinen rücken deine
haare deine brüste wenn sie i
hre augen auf dich legt u zw
ischen den vier wänden zwi
schen denen ihr steht zwei h
ände auf zwei augen liegen u
ihre scham bedecken u die m
utter ihre bilder auf dich legt
u dein blut fließt wenn du sc
hneidest

schweifen vor der retina

bilder schweifen vor der re
tina hin u her in schwarz w
eiß als es noch keine farben
gab in den bildern mit erin
nerungen mit menschen die
noch posierten den moment
festzuhalten die bilder schw
eifen vor der retina als die m
utter der mutter spricht von i
hrer mutter wie sie brot in s
üßen tee tupften wie sie auf
dem feld watte sammelten b
is die fingerspitzen bluteten
wenn die bilder schweifen vo
r der retina der iris die blickt
auf etwas das n sichtbar für d
ich u mich ist das in einer ze
it liegt die weit weg ist als d
ie mutter der mutter noch kl
ein war noch ganz neu war n
och neugierig war noch ler
nte wie die dinge funktion
ieren wenn sie von ihrer mu
tter spricht wie sie lebten im
dorf wie sie die dinge der w
elt nur vom hörensagen kan
nten in schwarz weiß schwe
ifen die bilder die retina die
berühren erinnerungen mit m
enschen die noch posierten d
en moment festzuhalten

wie du dachtest

wenn es heißt noch zehn jahr
e u du glaubst das ist noch la
nge bis dahin u wenn sie vor
bei sind u du horchst dem ate
m in der nacht dass er noch d
a ist u du horchst ob das herz
noch schlägt u du denkst dar
an als du dachtest wie lange
noch als du dachtest das ist e
wig u wenn du die nächte du
rchwatest horchst damit du d
en moment n verpasst den m
oment in dem ewig endet u d
u hörst dem atem der brust z
u die auf u ab sich bewegt u
wartest auf den morgen u du
denkst zurück wie du dacht
est

für die körper die toten

das tuch das schwarze für die
körper die toten die liegen z
usammen auf dem bett die dü
fte der lebenden u toten verm
ischen sich im wasser das abf
ließt unsere körper unsere g
esichter wegfließen die letzt
en tränen die wir weinten al
s wir uns noch kümmerten
als unser puls noch flackert
e wenn es uns berührte die d
inge der lebenden das tuch l
iegt über unseren gesichtern
das schwarze für die körper
der tote
n zusammen begann der w
eg zusammen gehen wir da
s letzte stück bereit liegen d
ie löcher in die erde gegrab
en für den letzten weg gemei
nsam dort liegen sie bereit f
ür uns zum ruhen für die e
wigkeit u das tuch liegt über
unseren gesichtern das schw
arze für die

euer klang

als der wind schlägt den sand
gegen eure steine stehe ich u
horche nach dem klang eure
r stimmen u wenn eure gräbe
r eingebettet werden u ich st
ehe u höre den klang u ich
ahne die geschichten die une
rzählten u wenn eure körper
liegen unter der erde u eure
stimmen abgebrochen sind v
on uns u ich suche nach den
geschichten den unerzählten
die vergraben liegen mit eur
en klängen u suche nach etw
as das ich n habe das vergr
aben liegt in der erde u unter
stein u der wind klingt in m
einem ohr als er schlägt den
sand gegen eure steine

wo es mich bricht

wenn sie an mir zerren mir d
ie richtungen zeigen wollen
wenn ich n gehöre zu dem e
inen u n gehöre zu dem and
eren u sie liegen an mir u auf
mir zwei schatten die verklä
ren verdrehen was ich bin w
as ich sein soll die werfen i
hre teile auf mich u ich kenn
e n den ort wo das schwärze
ste von ihnen sich trifft u w
enn es mich bricht u ich g
ehe u teile zusammenlege v
on einem u vom anderen das
mich zerrt das mich dreht i
n richtungen wenn zwei scha
tten liegen aufeinander wen
n ihr schwärzestes mich bri
cht teile n passen zusammen
wenn ich n gehöre zu dem ei
nen u n zu dem anderen

wie am ersten punkt

hier gibt es keine schatten d
enke ich u ich versuche den
tiefpunkt des raumes zu find
en an dem die schwere der m
asse u die schwere der geda
nken gleich wiegen an dem
ich mich mit meiner eigenen
schwere messen kann u es ve
rschließt sich mir u die stille
des raumes verläuft zwischen
den massen die sich versuch
en zu überbieten als die still
e schwingt von der einen sch
were zur anderen u ich denk
e hier gibt es keine schatten
u schwinge von einem zum a
nderen u finde keinen punkt
u ich stehe u denke hier gibt
es keine schatten

wo n warten soll das glück

wenn ich gehen will meine
teile setzen will in richtung
en dorthin wo es für mich h
ergehen soll dort liegt der w
eg den ich gehen können so
ll der gedacht gemacht gele
gt ist für mich wenn ich geh
en will u ansetze in richtun
gen dorthin wo es für mich h
ergehen soll dort wird gesag
t wartet das glück auf mich d
ort soll ich ankommen wenn
ich gehen will u ansetze in ri
chtungen die vielleicht n von
mir gedacht gemacht gelegt
sind n von mir erfahren sein
wollen wenn ich gehen will u
ansetze meine teile auf weg
e die ich n gehen können sol
l u ich gehe u ich setze sch
ritt vor schritt dorthin wo n
warten soll das glück

auf mein auge

auf die augen schlägt die so
nne ihr licht mir auf die hau
t die bindet über dem auge a
n dem auge das sehen soll m
it licht durch den tag den bli
ck haben soll für wesentliche
s hineinschauen soll in ding
e auf dinge auf menschenges
ichter die sonne schlägt mir
ihr licht gegen die haut die b
inden soll über dem auge de
m spiegel das manche sagen
von meiner seele sein soll u
dinge am tag sehen soll die b
esser vielleicht ungesehen b
leiben sollen auf meinem spi
egel über der haut die bindet
dort wo sie sind bleiben u n
geschlagen werden auf mein
e haut von der sonne

gedanken zerren

wenn die moleküle flimmer
n in den zellen die meine ge
danken machen sollen wenn
zwischen synapsen kurzschl
üsse funken flackern machen
wenn die gedanken im chaos
sich zerren durch meine bah
nen um vielleicht zu worten
zu werden wenn die molekü
le flimmern u gedanken zerr
en machen wenn ich mit zerr
ungen geplagt bin u für mic
h worte n finde wenn die mo
leküle flimmern zwischen sy
napsen kurzschlüsse funken
flackern machen u durch ba
hnen keine worte durchdring
en die ich sprechen kann

was bei mir passiert

wenn die worte sich prügeln
u ich stehe ich will etwas s
agen ich will dinge sagen di
e auf meinen mund auf seine
bewegungen auf die gewollt
en worte warten u ich stehe u
ich bewege mich u meine te
ile u das in richtungen die n
sind in dingen die ich will w
enn die worte sich prügeln u
ich stehe ich will etwas sag
en dinge die auf mich warten
auf meinen mund u auf mei
ne teile dass sie ausführen w
as bei mir passiert was bei
mir etwas will das wartet auf
die bewegungen meiner teile

INHALT

Die Arbeit an diesem Buch wurde gefördert durch das Ministerium für Kultur und Wissenschaft des Landes Nordrhein-Westfalen.

Ministerium für
Kultur und Wissenschaft
des Landes Nordrhein-Westfalen